Annika Stahl · 3 Jahre · Monotypie mit Händen und Füßen

Bananenblau und Himbeergrün

Geschichten aus dem Kinderatelier

Bostelmann, Antje :
Bananenblau und Himbeergrün : Geschichten aus dem Kinderatelier /
Antje Bostelmann ; Heiko Mattschull. -
Neuwied ; Berlin : Luchterhand, 1999
(Hundert Welten entdeckt das Kind)
ISBN-3-472-03244-8

Jubiläumsjahr 1999
Von Profi zu Profi. Seit 75 Jahren

Hundert Welten entdeckt das Kind

Antje Bostelmann
Heiko Mattschull

Bananenblau und Himbeergrün

Geschichten aus dem Kinderatelier

Luchterhand

Wir bedanken uns bei allen, die das Entstehen dieses Buches ermöglicht haben.

Unser besonderer Dank gilt dabei:

den Kindern der Vorschulkurse in der Malschule KLAX, die sich vom Fotografen nicht stören ließen;
Petra Zinke, die den Inhalt der Malgeschichten beisteuerte und uns mit fachlichem Rat zur Seite stand;
Andrea Gronski für die gute Zusammenarbeit und
Eva Grüber, die uns während der Arbeit am Buch eine gute Partnerin war.

Lisa Viellechner · 6 Jahre · Nashornmaus

Inhalt

Liebe Leserinnen und Leser,

mit diesem Buch möchte ich Erzieherinnen und Eltern ermutigen, ihren Kindern mit Vertrauen zu begegnen, mit Vertrauen in die kindliche Persönlichkeit, den Forscherdrang und die Phantasie.
Ich möchte Erwachsene dazu ermutigen, Kreativität und Selbstbewußtsein der Kinder zu fördern und damit einen Grundstein zu legen, daß sie stabile und originelle Persönlich-

Fantine Janetz · 6 Jahre · Herbstsonne

keiten werden. Gerade kleine Kinder machen wichtige Erfahrungen, indem sie anfassen, ausprobieren und experimentieren. Eltern, die ihre Kinder beobachten, sehen, wie sie sich die Welt durch Begreifen erobern. Diese praktische Form des Lernens bleibt uns ein ganzes Leben lang erhalten. Sicher kommen andere Lernformen hinzu, aber ohne praktische Erfahrung, ohne Ausprobieren und häufiges Anwenden wird uns keine noch so tolle Theorie im Gedächtnis bleiben. Bei den Zwei- bis Sechsjährigen spielen gestalterische Techniken wie Malen, Bauen oder Formen eine wesentliche Rolle, wenn sie sich die Welt aneignen. In dieser Altersgruppe steht das bildhafte Gestalten in engem Zusammenhang mit dem Spiel. Das heißt, die Kinder probieren auf spielerische Weise Materialien und Techniken aus, um ihre Ideen in die Tat umzusetzen und eignen sich dabei diese Materialien und Techniken an. Können Erwachsene Kinder auf diesem Weg begleiten, sie ermutigen und ihnen zu Erfahrungen und Wissen verhelfen, ohne dabei kindlichen Forscherdrang und Experimentierfreude zu beeinträchtigen? Daß das möglich ist, beschreiben die Kapitel dieses Buches. Und noch etwas: Erwachsene betrachten sich als individuelle Persönlichkeiten. Wie der eine ist, so muß der andere nicht sein. Was die eine mag, muß der anderen nicht gefallen. Das trifft für Kinder ebenso zu. Auch Kinder sind Persönlich-

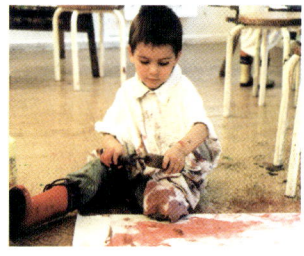

keiten, die über eine Bandbreite unterschiedlicher Charakterei-genschaften, Neigungen und Talente verfügen. Die Geschich-ten, die in diesem Buch erzählt werden, stammen aus der päd-agogischen Praxis der Berliner KLAX-Einrichtungen. Die Idee zur Gründung des KLAX e.V., zum Aufbau verschiedener KLAX-Ein-richtungen – der Malschule mit den Ateliers, der Töpferwerk-statt, der Tanzwerkstatt und dem Computerkabinett, der Galerie und vor allem der Kindergärten – entstand, nachdem ich jahre-lang als Erzieherin in Ostberlin gearbeitet, nebenher Kunst stu-diert und schließlich als Freiberuflerin künstlerische Arbeitsge-meinschaften an Schulen geleitet hatte. Ich war beeindruckt von den Ideen der Reformpädagogen, die zu Beginn dieses Jahrhun-derts entstanden waren. Doch weder in der DDR noch im wie-dervereinten Deutschland begegneten mir diese Ideen in der pädagogischen Praxis. Gemeinsam mit Erzieherinnen, Eltern und Kunstpädagogen ergriff ich die Initiative und gründete die Malschule KLAX, der im Laufe einiger Jahre eine Reihe weiterer Einrichtungen folgte. In der Malschule wie in den Kindergärten versuchen Erwachsene, die kreativen Potentiale der Kinder zu stärken, denn Menschen, die sich auf positive Erfahrungen mit ihren kreativen Persönlichkeitsmerkmalen verlassen können, sind flexibler in der Gestaltung ihres Lebensweges. Die in die-sem Buch versammelten Geschichten schrieb ich nach Berichten von Petra Zinke auf.

Die Kunsterzieherin Petra Zinke, Mutter einer Tochter, arbeitet seit 1992 als KLAX-Pädagogin und gibt Mal-Kurse für drei- bis sechsjährige Kinder. Über ihre Arbeit bei KLAX sagt sie: »1992 sah ich mich erstmalig mit der Aufgabe konfrontiert, mit Kin-dern, die erst drei Jahre alt sind, künstlerisch kreativ zu arbeiten. Diese anfangs so schwierige Arbeit macht mir bis heute viel Spaß. Es ist schön für mich, dabei zu sein, wenn die Farben auf dem Papier zu funkeln beginnen, wenn im nächsten Augenblick ein grauer Schleier über sie fällt oder wenn sie sich in dunkle Nachtfarben verwandeln. Abends, nachdem auch das letzte Kind nach Hause gegangen ist, stehe ich manchmal im Atelier und bestaune das schöpferische Chaos. Dann wünsche ich mir, ein Kind zu sein, ein Kind mittendrin in dieser Malschule.«

Antje Bostelmann, Juni 1999

Das Beispiel KLAX

Alexandra Kimel · 5 Jahre · Osterfrau

Rike Nölting · 6 Jahre · Herbststurm

Im Jahre 1990, wenige Monate nach dem Fall der Mauer, gründete ich mit Freunden im Ostteil Berlins den KLAX e.V. Unser erstes Projekt war eine Malschule für Kinder und Erwachsene. Bis zum heutigen Tage malen, töpfern, tanzen und werkeln jedes Jahr 500 kleine und große Kursteilnehmerinnen und -teilnehmer in den verschiedenen Werkstätten der Malschule. Seit 1992 gehören auch Kindergärten zu KLAX. 1000 KLAX-Kindergartenkinder gibt es in Berlin, und ihre Anzahl wäre größer, wenn wir mehr Plätze anbieten könnten. Im Mittelpunkt der pädagogischen Arbeit bei KLAX steht nicht das perfekt gemalte Bild oder gar ein Kunstwerk. Vielmehr wollen wir die Phantasie und Ausdrucksfähigkeit der Kinder und Jugendlichen fördern und, damit verbunden, ihre emotionale und soziale Kompetenz stärken. Je nachdem, ob die Mädchen und Jungen ein offenes Angebot wahrnehmen, einen Kurs besuchen, sich an einem zeitlich befristeten Projekt beteiligen oder die Ganztagsbetreuung nutzen, verändern sich Intensität, Methoden und Inhalte unserer kreativen und sozialen Bildungsarbeit.

Das Besondere an der KLAX-Pädagogik ist: In ihrem pädagogischen Handeln lassen sich Erzieherinnen von der Situation der Kinder und deren individuellen Eigenschaften leiten. Statt sie – wie in der herkömmlichen Pädagogik – nach einem von Erwachsenen vorgegebenen Bild umzuformen, begleiten Erzieherinnen Kinder und Jugendliche. Dies setzt Akzeptanz und Achtung voraus, vor allem aber ein Verantwortungsbewußtsein, das sich mit pädagogischem Handeln verbindet.
Bei KLAX sind Kinder keine unfertigen Erwachsenen.
Die Vorstellung von selbstbestimmten, sensiblen und handlungsfähigen Menschen, die ihre Umwelt mit wachen Sinnen wahrnehmen und sich als Teil der Gesellschaft begreifen, prägt das Ziel unserer pädagogischen Arbeit.
Bei KLAX sind die Kinder Baumeister ihrer eigenen Welt.

Malen mit Kindern

Joanna Beuckert · 5 Jahre · Fleischfressendes Bild

Wer kennt sie nicht, die A5-großen Kinderzeichnungen, die in den Fluren vieler Kindergärten an Strippen baumeln? Ein mit Buntstiften gemaltes Haus duckt sich zwischen Himmel- und Bodenstreifen. Rechts oben klebt eine lachende Sonne. Neben dem Haus steht ein Kind. Tausend und abertausend dieser Bilder gibt es, und man könnte meinen, diese Art der Darstellung sei entwicklungsbedingt.

In den Kinderateliers der Malschule und in den KLAX-Kindergärten machen wir jedoch ganz andere Erfahrungen: Dreijährige füllen große Blätter mit wilden Farbkompositionen. Die Sonne taucht an allen erdenklichen Stellen auf, und Häuser hüpfen vor bunt gestalteten Hintergründen über das Papier. Bei Führungen durch unsere Häuser werde ich oft gefragt: »Wie machen Sie das nur, daß die Kinder so großartige Bilder malen?« Wie wir das machen? Wir machen gar nichts.

Bei KLAX sind wir uns einig: Erzieherinnen machen nichts mit den Kindern. Erzieherinnen räumen ihnen lediglich den größtmöglichen Spielraum für ihre eigene Phantasie ein, statten sie mit Materialien aus, mit denen sie wirklich gut arbeiten können, und stellen ihnen Platz zur Verfügung, der ihrem kindlichen Bedürfnis nach raumgreifender Aktivität Rechnung trägt. Also: Erzieherinnen halten sich möglichst zurück. Gerade die Auswahl der Arbeitsmaterialien ist ein wichtiges Thema.

Zuhauf liegen extra für Kinder hergestellte Pinsel und Farben, Buntstifte und Tuschkästen in den Schreibwarenläden und Supermärkten, aber kein Mensch

Josephin Finck · 5 Jahre · Frühlingsbild

Benjamin Brennicke · 6 Jahre · Weltall

kommt auf die Idee, daß der kleine Pinsel nicht unbedingt der bessere Pinsel ist. Ein kleines Fahrrad erleichtert es dem Kind, das Radfahren zu lernen. Ein Kinderpinsel wird ihm womöglich für immer die Freude am Malen verderben.

Es ist nötig, und es erleichtert die Arbeit, sich von diesen

Kategorien »für Kinder« und »für Erwachsene« zu trennen und selbst herauszufinden, welche Materialien wofür geeignet sind. Gerade für kleine Kinder ist es wichtig, daß die Farben den Malgrund wirklich färben, daß die Pinsel die Farbe gut transportieren, daß Schwämme und Lappen sich leicht handhaben lassen. Farben sollen sich einfach entfalten und nicht – wie bei Tuschkästen und Farbpucks – erst lange angerieben oder befeuchtet werden müssen, oft unter Aufbietung aller Kräfte und bei Verlust der meisten Pinselhaare. Das Papier muß großzügig bemessen sein; verkleinert werden kann es immer noch. Selbstverständlich muß es viele Farbschichten aufnehmen und mehrere Wasserbäder verkraften können.

Wachsmalstifte und Fettkreiden – in vielen Kindergärten zu finden – färben meist nicht oder nur wenig. Das leuchtende Rot, das der Fettstift verspricht, läßt sich selbst bei größter Kraftanstrengung nicht auf das Papier bringen. Ganz davon abgesehen, daß dünnes Papier solchen Anstrengungen nicht widersteht. Ich frage mich, ob Erzieherinnen, die ihren Kindern derartige Materialien zumuten, schon einmal versucht haben, mit Fettkreiden oder Filzstiften ein Bild auf Kopierpapier im A4-Format zu malen. Ob ihnen die Arbeit leicht von der Hand ging? Und das Ergebnis – waren sie mit ihm zufrieden?

Überhaupt dieses leidige A4-Format! In seiner Beschränkung stellt es kleine Kinder, die ihre Feinmotorik gerade entwickeln, vor unlösbare Probleme. Und der Erzieherin beschert es eine bemalte Tischplatte.

15

Gegen Filzstifte ist nichts einzuwenden, solange sie in Ordnung sind. Wer sie Kindern anbietet, sollte sie regelmäßig überprüfen. Eingetrocknete »Filzer« bringen eher Frust als Lust beim Malen.

Und warum müssen die Kinder an Tischen sitzen? Warum malen alle heute einen Zaun? Fragen über Fragen...

Sicher gibt es Bedingungen, denen sich die pädagogische Arbeit im Kindergarten unterordnen muß. Da sind die wirklichen oder vermuteten Wünsche der Eltern, der Zeitplan des Tagesablaufs, da herrscht Personalmangel. All das fördert gute Ideen nicht unbedingt. Deshalb empfiehlt es sich, im Kindergarten Funktionsräume einzurichten, Ateliers und Werkstätten.

In diesen Räumen unterliegen die Aktivitäten der Kinder nicht dem Zwang, den der tägliche Rhythmus vorgibt. Dort ist es eine Lappalie, wenn Wasserbecher auskippen, und es ist kein Problem, wenn ein Bild nicht rechtzeitig fertig ist.

Zum Mittagessen oder Schlafen verlassen die Kinder den Raum und kehren später zu ihren Arbeiten zurück.

Eigeninitiativen der Kinder sollten Sie begrüßen und fördern.
Sie bereichern in den Malstunden das Experimentieren und
Phantasieren mit Farben und grafischen Elementen.
Die Kinder erfreuen sich an ihren Kreationen und deren Nuancen,
genießen es, verschiedene Bildlösungen auszuprobieren, und
lernen es schließlich, die eigenen Arbeiten sowie die der anderen
zu akzeptieren.

Lassen Sie die Kinder ihre eigenen Erfahrungen machen,
auch wenn in unseren Augen schöne Bilder sich mit grauen
Schleiern überziehen, weil leuchtende Farben mit der Schaumgummirolle mattiert werden. Manche Kinder falten nach dem
Malen ihr fertiges Bild zusammen und verstecken es so
für immer.
Jan nannte sein zusammengefaltetes Bild »In einem Zimmer
versteckt«. Den Kindern bleibt so ein Spielraum erhalten,
der ihr Vertrauen in die eigenen Fähigkeiten und Entschei-
dungen stärkt.

Gehen Sie flexibel an die Planung Ihrer Vorhaben.
Schöne oder interessante Dinge entstehen oft spontan
und ungeplant.
Lassen Sie den Kindern den Freiraum, den sie brauchen,
um ihre eigenen Ideen umzusetzen.

Das Kinder atelier

In der verzau-
bernden Atmo-
sphäre des
Kinderateliers
finden die Mäd-
chen und Jungen
eine große Aus-
wahl Arbeitsma-
terialien, mit
denen auch
Erwachsene gern
arbeiten würden.
Sie sollten in
offenen Regalen,
auch für kleine
Kinder erreichbar
und zugänglich,
bereitgestellt
werden.
Da gibt es flache
und runde Bor-
stenpinsel in allen
erdenklichen

Größen, Malerpinsel aus dem Baumarkt, Rasierpinsel, Fen-
sterwischer, Schwämme, Stofflappen aus Tüll, Spitze oder
Baumwolle. Sogar Omas alter, handgestrickter Schal ist zu
gebrauchen.
Große Rollen oder Papierstapel im A0-Format bieten Papiere
in verschiedenen Farben und Qualitäten.
Scheren, verschiedene Klebebänder und Klebstoffe liegen
in Reichweite der Kinder ebenso bereit wie Buntstifte, Pastell-
und Ölkreiden. Im Schrank schlummern die Farben in Flaschen, oder sie sind, aus Pigmenten frisch angerührt, im Farbtisch vorrätig.
Den Farbtisch haben wir nach unseren Bedürfnissen selbst
gebaut: Eine tiefe Spüle, wie sie in der Gastronomie üblich ist,

versehen mit einer Duscharmatur, damit auch kleine Kinder ihre Paletten abwaschen können, ohne Überschwemmungen zu veranstalten, wird in eine Holzkonstruktion versenkt.

Neben der Spüle sollte eine ausreichend große Fläche zum Abstellen vorhanden sein, versehen mit Aussparungen, in die kleine Becher mit Deckel eingepaßt werden. Solche Becher gibt es ebenfalls im Gastronomiehandel. In diesen Behältern können angerührte Pigmente aufbewahrt und von den Kindern mit Löffeln leicht entnommen werden.

Der Farbtisch muß wegen dem unter der Spüle anzubringenden Schmutzwasserabscheider in Erwachsenenhöhe konzipiert werden.

Damit kleine Kinder daran arbeiten können, ist eine sicher angebrachte Stufe nötig. Vielleicht ist es auch sinnvoll, das Spülbecken und die Ablagefläche für die Pigmente in unterschiedlicher Höhe anzubringen.

Das muß man ausprobieren.

Farben lassen sich aus Pigmenten sehr viel leichter anfertigen, als man vermutet. Farbpigmente gibt es in Geschäften für Künstlerbedarf oder in einschlägigen Malerläden. Beim Kauf muß man unbedingt darauf achten, daß sie keine Gifte und Schadstoffe enthalten. Es gibt nämlich nicht wenige Farbtöne, die aus Stoffen hergestellt werden, die nicht in Kinderhände oder Kindermünder gelangen dürfen. Lassen Sie sich fachkompetent beraten und suchen Sie nach unschädlichen Farbnuancen.

Mit Wasser werden die Pigmente angeschlämmt und danach mit einem Bindemittel verrührt. Beim Umfüllen des Farbpulvers müssen Sie unbedingt eine Staubmaske tragen.
Und hier das Rezept:
3 Teile Wasser, 2 Teile Farbpigment, 1 Teil Tapetenleim.
Im Kinderatelier stehen große Malplatten ebenso bereit wie Staffeleien. Tischplatten lehnen neben den Böcken an der Wand und warten, ob sie Benutzer finden. In einem Schrank werden die spitzen Zeichenfedern, Ausziehtusche und Radiernadeln, die Druckfarben sowie die Linolschnittmesser aufbewahrt. Die Kinder lassen sich diese Werkzeuge und Materialien herausgeben, wenn sie sie brauchen. Drahtrollen, Maschendraht, Stapel alter Zeitungen, Vorräte an Tapetenkleister, Pappe und alte Kartons lagern in Nebenräumen und können ebenfalls stets benutzt werden.

In einer Ecke steht die gut gefüllte Schatzkiste. Muscheln, Steine, Schrauben, bunte Schnipsel, eine Brille, eine goldene Schnur, eine besonders schöne Glitzerfolie sind in ihr verborgen.

Eine Kostümsammlung hilft beim Verwandeln und wird auf den Reisen in das Land der Phantasie genau so oft gebraucht wie unser Sammelsurium alter, interessanter oder wunderlicher Dinge. Alte Flaschen, Omas Bügeleisen, eine verbeulte Bratpfanne, Generationen von Puppen oder eigenartig gebogene Rohre dürfen im Kinderatelier nicht fehlen. Zauberhafte Klänge aus einer einfachen Musikanlage schaffen Atmosphäre. Neben den Ohren werden auch andere Sinne angesprochen. So steht im Atelier eine Bücherecke mit Künstler-Bildbänden, die zum Anschauen, zum Vergleichen und zum Gespräch einladen.

Am wichtigsten: Viel Platz muß sein. Den schafft man, indem man die vorhandenen Räume effektiv nutzt.

Von klobigen Möbeln sollte man sich trennen, die Räume nicht vollstellen und darauf achten, daß Tische und Hocker schnell und unkompliziert an den Rand geräumt werden können. Materialien, die nicht täglich gebraucht werden, lassen sich in erreichbaren Lagerräumen aufbewahren.

In einen Nebenraum gehören auch die Druckpresse und die Hebelschere sowie weitere Geräte, an denen die Kinder nur im Beisein Erwachsener arbeiten sollten.

Die meisten Kinder lieben es, auf dem Fußboden zu arbeiten. Deshalb sollten nur solche Tische angeschafft werden, die sich leicht wegräumen lassen. Für manche Techniken sind Tische allerdings unerläßlich. Und manche Kinder fühlen sich vor Staffeleien derartig inspiriert, daß ihre Ideen nur so sprudeln.

Malplatten kann man sich im Baumarkt aus einseitig lackierter Preßpappe zuschneiden lassen. Gute Erfahrungen haben wir mit den Größen 1m x 1m und 60 cm x 40 cm gemacht. Auf dem Fußboden und an der Staffelei eignen sich diese Platten ideal als Unterlagen. Wäscheklammern sorgen dafür, daß das Papier auf den Platten nicht verrutscht.

Für den Fall, daß viel Wasser gebraucht wird, empfiehlt es sich, die Blätter auf den Malplatten rundherum mit breitem Klebeband zu fixieren.

Um die Arbeiten der Kinder aufhängen zu können, ohne sie zu beschädigen, bringen Sie an möglichst vielen Wänden Klemmleisten an. Ausstellungen zu Beginn oder Ende eines Kurses können so von allen gut gesehen werden und bieten Diskussionsstoff.

Wenn man nicht den gesamten Fußboden mit den trocknenden Arbeiten der Kinder bedecken möchte, braucht man einen Stapeltrockner. Die oberen Regalfächer dienen der Aufbewahrung größerer Objekte, die noch nicht fertiggestellt sind oder ebenfalls trocknen müssen.

Wer über hohe Räume verfügt, kann sie mittels Flaschenzug auch unter die Decke ziehen.

In den KLAX-Kindergärten können die Kinder die Ateliers benutzen, wann immer sie Lust dazu haben und der Tagesablauf
es erlaubt. In der Malschule dagegen gibt es Kurse, und die
Kinder kommen zu festgelegten Malstunden, die, dem Alter
der Kinder entsprechend, 60, 90 oder – bei den Sechsjährigen
– 120 Minuten dauern. Es ist so wichtig wie selbstverständlich,
daß die Kinder ohne Druck arbeiten, also genug Zeit haben
und die Möglichkeit, ihr individuelles Tempo zu finden.
Wenn die Ideen einmal nicht sprudeln, wenn ein Kind schüch-
tern oder neu in der Gruppe ist, hilft vielleicht ein Spiel:
Bitten Sie die Kinder, einen Pinsel und eine Farbe auszusu-
chen. Suchen Sie sich selbst einen Pinsel aus. Nun gehen die
beiden Pinsel auf dem Papier spazieren: Einen Berg hinauf und
in ein tiefes Tal, an einem Fluß vorbei. Huschte da nicht eben
ein Hase hinter den Busch? Sie helfen so den Kindern, locker
mit dem Pinsel umzugehen, und das Eis bricht. Aus dem
Körper heraus folgen die Kinder dem Pinsel, der Farbe. Und
Ideen findet man auf solch einer Reise zur Genüge.

Die Malstunde

Toralf Werner · 3 Jahre · Der Obstladen mit dem tanzenden Gemüse

Kreativitätsentwicklung schafft ein Trainingsfeld für alle Arten schöpferischer und sozialer Leistungen. Kreative Betätigung auf gestalterischem Gebiet hat den Vorzug, Gefühl und Wahrnehmung mit Erkenntnis und Motorik zu verbinden. Es ist gar nicht schwer, dies in einem Malkurs oder im Kindergartenalltag zu erreichen.

Die Kinder bringen Kenntnisse und Erfahrungen mit. Zu Hause oder auf dem Weg in den Kindergarten haben sie eine Menge erlebt, es braucht nur ein wenig Geduld und Einfühlungsvermögen, um etwas davon aus ihnen herauszuholen.

Manche Kinder haben sich schon etwas vorgenommen, wenn sie ins Atelier kommen. Andere lassen sich durch das Material anregen, und wieder andere erwarten eine spannende Geschichte, um dazu Bilder zu entwerfen.

Es ist vollkommen egal, wie das Thema der Malstunde zustande kommt, ob es alle gemeinsam bearbeiten oder ob sich jeder selbst etwas ausdenkt. Wichtig ist, daß die Kinder Erfahrungen mit den Materialien machen. Dabei schulen sie ihre Wahrnehmung, ihre Fingerfertigkeiten, und sie schaffen sich selbst Erfolge, die sie ermutigen. Dem Erwachsenen in der Runde obliegt es, den räumlichen und materiellen Rahmen zu schaffen, das Zusammenspiel der Kindergruppe zu fördern, das Geschehen zu beobachten und nur einzugreifen, wenn es wirklich einmal nicht mehr weitergeht.

Im Gespräch mit ihren Altersgefährten und mit Erwachsenen lernen die Kinder unbewußt sehr vieles über ihre Umwelt. Die Malgeschichten zeigen, wie vielfältig beispielsweise der Erkenntnisgewinn bei einer Farbaktion mit Obst und Gemüse sein kann. Immer wieder kann man beobachten, daß die kindliche Phantasie nicht nur wunderbare Geschichten erfindet, sondern auch ungewöhnliche Problemlösungen, wenn sie zugelassen ist und ihr der entsprechende Raum zur Verfügung steht.

Den Einstieg in eine Malstunde bildet das Gespräch über gerade Erlebtes. Meist finden die Kinder schnell ein Thema. Manchmal lassen sie sich auch auf ein vorbereitetes Experiment ein.

Einmal wollte die Erzieherin mit den Kindern Porträts malen, hatte entsprechende Bücher herausgesucht, Schminke, Sachen zum Verkleiden und einen Spiegel bereitgelegt.

Zunächst bat sie die Kinder, sich selbst zu beschreiben. Bald tasteten alle nach ihren Nasen, den Ohren und bemerkten dabei, wie verschieden sie aussehen. Schließlich schlug Kai vor, sich zu verwandeln: Lange Nase, spitze Ohren, zottlige Haare... Nur Anna war nervös, denn sie wartete auf ihre Mutter, die ihr eine Schürze bringen wollte.

In ihrer Unruhe konnte sie sich auf das Gespräch, dem die anderen Kinder folgten, nicht einlassen. Darauf angesprochen, meinte sie: »Ich hab schon was vor.«

Wenig später ging sie zur Staffelei, malte und malte.

Seit Tagen war es ihr Plan gewesen, den Zaubervogel zu malen. Sie war stolz, daß er ihr so gut gelungen war.

Erzieherinnen und Eltern sollten darauf achten, daß die Kinder nicht ihre besten Kleider zum Malen tragen. In jedem Fall ist es besser, vor den Malstunden in Malsachen zu schlüpfen. Nicht allein, daß dieser Akt die Sachen der Kinder und die Nerven der Eltern schont, er signalisiert auch den Beginn der Arbeitsphase.

Besonders temperamentvolle Kinder lassen sich beim Malen schon mal zu einer regelrechten Farbenschlacht hinreißen. Farbspritzer fallen auf ein ursprünglich figürlich angelegtes Bild, verwischen und verändern es. Türme oder Gebäude verschwinden wortwörtlich im Wasser. Auf dem Bild sind ständig Veränderungen zu beobachten. Andere Kinder wiederum arbeiten ganz sorgsam und genau an ihren Bildern. Manche Kinder sind in der Lage, ein einmal geplantes Vorhaben mit großem Durchhaltevermögen umzusetzen und an ihrem Bild, ihrer Skulptur sogar in der nächsten Malstunde weiterzuarbeiten.

Zum Schluß der Stunde wird aufgeräumt. Alles muß an seinen Platz zurück. Schließlich wollen nicht nur wir, sondern auch andere die Werkzeuge und Materialien wiederfinden.
Die Erzieherin achtet darauf, daß jedes Kind sich beteiligt, daß die Kinder einander beim Aufräumen helfen, und greift selbst nur ein, wenn eine Arbeit zu schwer ist. Da die Aktion in ein Spiel eingebettet wird, machen die Kindern gern mit: Die Farben müssen zurück in ihre Schlafkiste gelegt werden. Wer findet den richtigen Deckel?
Da die Kinder gut Bescheid wissen und ziemlich selbständig aufräumen, hat die Erzieherin inzwischen Zeit, die Abschlußrunde vorzubereiten. Sie hängt die Bilder der Kinder an den Klemmschienen auf. So können sie trocknen und gleichzeitig betrachtet werden. Zu feuchte Bilder bleiben zunächst auf dem Fußboden liegen, damit sie nicht beeinträchtigt werden.
Ein Spiel unterhält in der Abschlußrunde und liefert der Erzieherin zugleich interessante Informationen: Mein rechter, rechter Platz ist leer, ich wünsche mir denjenigen her, der diesen schwarzen Eingang in ein grusliges Schloß gemalt hat. Die Kinder überlegen, welches Bild gemeint ist und von wem es stammt. So erfahren alle Bilder die Wertschätzung der aufmerksamen Betrachtung. Die Leistung jedes einzelnen wird gewürdigt, ohne bewertet zu werden. Das stärkt sowohl das Wohlgefühl in der Gruppe als auch das Selbstwertgefühl jedes Kindes.

Nele Herger · 5 Jahre · Ein Testluftballon schwebt über dem bunten Zauberberg

Ähnlich funktioniert ein anderes Spiel. Die Erzieherin erzählt: »Ich bin in einem kühlen, frostigen Bild. Es kann mir passieren, daß ich mit einem unheimlichen Wesen zusammenstoße.« Die Kinder suchen das Bild. Wer es gefunden hat, denkt sich zu einem anderen Blatt ein Rätsel aus.

Meist benennen die Kinder ihre Bilder, erfinden Namen wie »Das Wunschhaus«, »Ein Testluftballon schwebt über dem bunten Zauberberg« oder »Der Obstladen mit dem tanzenden Gemüse« und »Der Hase«, der ganz und gar unter der Farbe verschwunden ist. Manchmal tragen die Bilder Namen von Personen, die die Kinder kennen, oder sie erhalten eine Widmung: »Für Mama«.

Auch wenn Erwachsenenaugen die Dinge nicht immer erkennen, die die Titel der Bilder beschreiben, fasziniert die in Farben gefaßte Gedankenwelt der Kinder stets aufs neue.

Mary Yo Gonther · 4 Jahre · Der Hase

Im Stapeltrockner lassen sich die Bilder der Kinder lagern, bis sie ganz trocken sind. Das ist platzsparend, und nichts klebt aneinander oder verschmiert.

Es empfiehlt sich, für jedes Kind eine große Mappe anzulegen, in der seine Bilder aufbewahrt werden. Auf diese übersichtliche Weise sammelt sich auch Material für Ausstellungen. Darüber hinaus können sich die Kinder aus ihren Mappen Anregungen holen und sich beim Betrachten ihrer Arbeiten an vergangene Malstunden erinnern. Nach einem halben Jahr lohnt es sich, die kleinen Kunstwerke nach Hause zu tragen. Wer sich gar nicht von seiner Arbeit trennen kann und sie sofort mitnehmen will – bitte sehr.

Sophia Leonora Koschinski · 6 Jahre · Wunschhaus

Elternwünsche und Kinderideen

Maria Thon · 5 Jahre · Torte im Nebel

Damit am Ende einer Malstunde oder eines Kurses niemand enttäuscht oder traurig nach Hause geht, ist es wichtig, daß Eltern und Erzieherinnen zusammenarbeiten. Dazu gibt es viele Möglichkeiten. Elterngespräche, Elternabende, Elternzeitungen, Atelierbesuche und gemeinsame Aktionen mit den Eltern sind nur einige davon.

In der Zusammenarbeit zwischen Eltern und Erzieherin ergeben sich hin und wieder Konflikte, die aus unterschiedlichen Erwartungshaltungen resultieren. Manche Eltern wünschen, daß ihre Kinder im Kindergarten oder in der Malschule „etwas Vernünftiges" lernen, etwas leisten. Da ist eine Mutter sichtlich enttäuscht, weil ihre Tochter das Bild zusammengefaltet hat und darauf besteht, dieses Versteck nicht zu öffnen. Ein Großvater schaut verdrießlich, weil seiner Meinung nach die Bilder des Enkels nicht im entferntesten an die Werke der anderen Kinder heranreichen. Eltern, die mit ihren Kindern üben wollen und erwarten, daß die Kinder in der Malschule Farbenlehre, Perspektive und das Porträtieren lernen, sind enttäuscht, weil das eine nicht nötig ist und das andere nicht passiert.

Bei KLAX setzen wir von Anfang an darauf, bei Erwachsenen Verständnis für Kinder und ihre Produkte zu wecken. Reden und Erklären allein helfen manchmal nicht. Besser ist es, den Erwachsenen selbst Pinsel oder Ton in die Hand zu geben, sie damit arbeiten und probieren zu lassen. Am besten aber wirken gemeinschaftliche Unternehmungen: Eltern, Kinder und Erzieherinnen erleben einander beim Probieren und uneingeschränkten Ausleben von kreativen Ideen.

Dabei lernen Erwachsene mühelos, daß die in erzieherisches Handeln umgesetzte Erwartung eines perfekten Bildes kindliche Phantasie lähmt und Kreativität beschneidet.

KLAX-Mitarbeiterinnen sprechen oft mit den Eltern und laden sie regelmäßig zu Elternnachmittagen ein. Dann wird gemeinsam gemalt, gedruckt oder getöpfert. Ein Höhepunkt sind unsere jährlichen Ausstellungen, in denen möglichst jedes Kind mit einer Arbeit vertreten ist. Die Bilder der Kinder werden gerahmt und aufgehängt. Eine Vernissage mit Rede und

Bankett eröffnet die Ausstellung. Wenn die ganze Familie erlebt, wie würdig die Bilder von Sohn oder Tochter präsentiert werden, schwinden die letzten Zweifel, und alle sind stolz.

Es ist wichtig, daß Erzieherinnen und Eltern die Fähigkeiten eines Kindes entsprechend seines Alters und seiner individuellen Persönlichkeit beurteilen. Ein wirklich kreativer Mensch zeichnet sich nicht durch handwerkliche Perfektion aus, sondern vor allem dadurch, daß er neue Lösungswege und originelle Ideen findet.

Eltern sollten überlegen, ob es nicht möglich ist, zu Hause eine Ecke einzurichten, in der Kinder verschiedene Materialien ungestört und kreativ ausprobieren dürfen.

Alexander Jung · 5 Jahre · Übermalte Apfelgeschichte

Pinsel geschichten

Luise Reinert · 3 Jahre · Schaukelbild

Breite, dicke Pinsel kriechen wie Schnecken über das Blatt, schieben sich hierhin und dorthin und hinterlassen dicke Farbspuren. Natürlich gibt es auch Rennschnecken.

Ganz anders kann sich ein Marienkäfer bewegen, wenn er will. Und welche Spur wird wohl der runde Regenwurm hinterlassen? Die Kinder können es sich gut vorstellen, mit Pinsel und Farbe über das Blatt zu schlängeln wie ein Regenwurm über die feuchte Erde.

Wieder anders sehen die Spuren des Ameisenpinsels aus. Und wie eine Mücke surrt der dünnste aller Pinsel im Zickzack über das Format. Oder er überquert in einem halsbrecherischen, spannungsvollen Bogen die schon vorhandenen Spuren der anderen Pinsel. Manchmal fliegt er so hoch, daß nur noch seine Landepunkte auf dem Papier zu sehen sind.

Gibt es eigentlich auch unsichtbare Farbspuren?

Löwen- und Leopardenpinsel, breit und geschmeidig, setzen zum Sprung an, überdecken andere Spuren rücksichtslos und schreiten majestätisch rings um das Blatt.

Gern probieren die Kinder Pinsel aus. Und mitunter enden die verschiedenen Spuren in einer Farbwüste.

Lili Engel · 4 Jahre · Tierfutter

Wenn die Pinsel trocken und staubig aus ihren Töpfen kommen, haben sie großen Durst und stürzen sich in die mit klarem Wasser gefüllten Becher. Ist der Durst gestillt, schlecken sie Farbe und schlabbern über das Blatt.

Die Kinder versuchen, das Zuviel an Feuchtigkeit an den Händen, an den Kitteln oder durch Abstreichen an den Becherrändern loszuwerden.

Neben den Pinseln stehen verschiedene andere Farbtransportmittel zur Verfügung. Annika zum Beispiel benutzt oft den bei anderen Kindern längst in Vergessenheit geratenen Scheibenwischer, um Farben übereinander zu streichen. Schaumgummirollen können eine strahlende Landschaft in graue Nebel hüllen, einen bunten Farbturm im Meer versenken und einen gelben Frühlingstag in dunkelviolette Nacht tauchen. Feuchte Schwämme bringen verborgene Farben wieder zum Vorschein, Spachtel brechen die violette Nacht am Horizont auf, und ein Stückchen Gelb des versteckten Frühlingstages erscheint plötzlich als Mond.

In verschiedenen Töpfen, grob nach Größen sortiert, stehen die Pinsel für die Kinder erreichbar bereit und verwandeln sich nach Bedarf in Seeschlangen-, Schnecken- oder Froschpinsel.
Die Kinder bestimmen, wie sich die breiten Haifischpinsel mit Farbe im Maul auf dem Papier verhalten und daß der Malerpinsel mit dem langen Stiel ein Giraffenpinsel sein muß.
Tragen die Pinsel solche Namen, verlocken sie geradezu zum Experimentieren. Und sie sind leichter zu finden.

Die spielerischen Verwandlungsmöglichkeiten der Pinsel liefern eine Grundlage für Malgeschichten, und der eigene oder elterliche Druck, ein möglichst schönes und großes Bild zu malen, läßt nach. Die Kinder bemerken, bewundern und genießen die Verwandlungen, die sie selbst hervorrufen. Die Spuren und Muster, die ein Pinsel auf dem Papier hinterläßt, Intensität und Leuchtkraft der Farben sind erste, wichtige Erfahrungen, die Kindergartenkinder mit Malmaterialien machen. Die Tätigkeit der Zwei- bis Vierjährigen ist vorrangig auf das Experimentieren mit Materialien gerichtet.

Das Ergebnis ihres Tuns, das Bild, ist oft nebensächlich.
Regen Sie die Kinder an, Dinge von zu Hause mitzubringen, die sich zum Malen eignen: Eine Zahnbürste, ein Staubwedel vervollständigen das Inventar und bieten neue Experimentiermöglichkeiten.

Binden Sie unterschiedlich dicke Borstenpinsel an lange Stiele und veranstalten Sie mit den Kindern eine Schrubbermalaktion auf einem riesigen Blatt, das auf dem Fußboden ausgebreitet wird. Mit langen Pinseln kann man ein Bild aus größerem Abstand malen. Man verliert sich nicht im Kleinen, sieht viel besser, was man macht, welche Wirkung man erzielt, denn man hat einen größeren Blickwinkel. Außerdem ist so eine Schrubbermalaktion ein lustiges gemeinsames Erlebnis.

Allerdings erfordert die Arbeit mit langen Pinseln Geschicklichkeit und etwas Übung. Zufällig entstehende Striche, Kleckse und Farbspritzer geben dem Bild seine Besonderheiten.

Farben

Sophia Leonora Koschinski · 6 Jahre · Drachen im Blauland

Wenn es Nacht ist im Kinderatelier, schlafen die Farben im Schrank. Sie träumen davon, am nächsten Tag von den Kindern geweckt zu werden. Da kommen die Kinder auch schon, greifen nach den Flaschen, drehen sie um, und die Farben quellen heraus. Will eine Farbe nicht aus der Flasche, wird die Flasche gekitzelt, gestreichelt und geschüttelt. Ein paar gute Worte tun ein übriges. Annika redet der Farbe zu: »Hallo, komm raus, du. Die Nacht ist zu Ende.«

Da rutscht die Farbe auf die Palette.

Die Einrichtung der Paletten ist für die Kinder ein großes Erlebnis. Sie gleicht einem faszinierenden Farbenspiel. Manche Kinder finden ihre frisch bestückten Paletten so schön, daß sie sie am liebsten nicht benutzen würden, weil sie sich dann verändern.

Beim Füllen der Paletten spricht die Erzieherin mit den Kindern über die verschiedenen Farbtöne. Meist scharen

sich mehrere Kinder um sie und überlegen, was alles rot oder blau oder grün ist. Den Kindern fallen dabei viele Vergleiche ein: Tomatenrot, Feuerwehrfarbe, Farbe wie Himbeergrütze. Es fällt den Kindern leichter, sich Farbnamen einzuprägen, wenn sie Farbtöne mit ihnen bekannten Dingen beschreiben. Natürlich regen Farbnamen wie Himbeergrütze sofort die kindliche Phantasie an. Es entstehen neue Namen, die zu Farbgestaltungen und Ideen inspirieren:
Sturmblau, Nachtblau, Himmelblau...
Nach dem Malen bringen die Kinder die Farben zurück in den Schrank. Es ist Zeit zum Schlafengehen.

Lassen Sie die Kinder ihre Farben unbedingt selbst auf die Palette bringen. Geben Sie dabei lediglich Hilfestellung.

Planen Sie ein, daß gemeinsam aufgeräumt wird. An Aufräum-arbeiten, die in ein Spiel verwandelt werden, beteiligen sich Kinder gern.

Zarah Rötzer · 6 Jahre · Mondlandschaft

Das Tortenbild
Robert Blutner · 5 Jahre

Robert war neu im Kurs. Als er seine Palette betrachtete,
auf der Farben in verschiedenen Rottönen prangten,
meinte er sofort, daß er mit diesen Tönen unbedingt
einen Sonnenuntergang malen müsse, weil er alle
Sonnenuntergangsfarben versammelt sah.
Er malte seinen Sonnenuntergang, und am Ende sah der
wie eine bunte Torte aus. Bei KLAX wurde dieses Bild als
»Tortenbild« bekannt.
Robert war so begeistert von seinem Werk und den Farben,
daß er das Thema noch einige Male bearbeitete.
Am Ende waren vier oder fünf verschiedene Bilder entstanden.

Robert Blutner
5 Jahre
Sonnenuntergang 3, 4, 5

Piet und Benjamin

Piet und Benjamin arbeiten zusammen an einer Staffelei. Niemand darf sie stören. Als sie mit Farben experimentieren, knistert es in ihrer Ecke förmlich. Leise reden sie miteinander: »Hast du diese Farbe schon mal ausprobiert? Ich nehm mal ein bißchen mehr Weiß und male es auf deine dunkelblaue Fläche.« – »Ja, ich male gleich mit Rot weiter, mit dem schönen Rot, das ich hier gemischt habe. Damit gehe ich auf deine graue Fläche.«

B. Brennicke/P. Otto · 7 Jahre · Farbexperimente

Das Einvernehmen der beiden beeindruckt. Sieht man ihnen über die Schulter, entdeckt man tolle Farbkompositionen. Zum Schluß bringen sie die Restfarben von der Palette auch noch aufs Blatt, und ein »farbiges Grau« entsteht.
Beim Abholen schaut Piets Mutter verwundert auf das Bild. Schließlich hat sie das Vorgehen der Jungen nicht miterlebt und kennt ihre erstaunlichen Zwischenergebnisse nicht. Die sind nun unter dem »farbigen Grau« verschwunden. Aber die Erfahrungen, die die Jungen gemacht haben, bleiben bestehen.

Nicht das schöne Bild ist das Ziel, sondern der Weg, auf dem die Kinder Erfahrungen sammeln.

Nele Metzner
4 Jahre
Wegweiser im Sturm

Sturmbild mit Wegweiser

Alle Malkinder bereiten ihre Paletten selbständig vor.
Sie wissen, wie man das macht, und bestimmen selbst,
wieviel von welcher Farbe auf die Palette kommen soll.
Heute möchten sie an den Staffeleien malen und nicht gestört
werden. »Aber wenn du schöne Musik hast...«, sagt ein
Mädchen, fragend und auffordernd zugleich. Die Erzieherin
entscheidet sich für Vivaldis »Die vier Jahreszeiten«.
Es ist Ende Oktober, und nachmittags beginnt es um diese
Zeit schon zu dunkeln. Der Regen prasselt auf die Scheiben.
Still malen die Kinder. Die Erzieherin denkt darüber nach, wie
viele von ihnen einen aufregenden Tag hinter sich haben
mögen, und staunt einmal mehr darüber, wie konzentriert sie
dennoch arbeiten. Um die Atmosphäre nicht zu beeinträchtigen, rührt sie sich nur, wenn jemand einen Pinsel oder
frisches Wasser braucht.
Schon während des Malens ist zu erkennen, daß die Kinder
auf die Musik und die herbstliche Stimmung draußen
reagieren. Nele nennt ihre Arbeit »Sturmbild mit Wegweiser«.
Luises Bild heißt »Regentropfen«, und Jara malt »Regenberg
und Sturmbild«. Beim Abholen fragt Nele ihre Mutter: »Was
meinst du, wie ich das mit den Regentropfen gemacht habe?«

Eine Festtafel für Alexandra

Alexandra ist neu in der Gruppe, noch unsicher und muß sich erst eingewöhnen. Deshalb erfinden die Kinder für sie eine Begrüßungszeremonie. Ein großes Blatt Papier wird als Tisch in die Mitte des Fußbodens gelegt. Aus bunten Papieren und Pappen schneiden und reißen die Kinder Teller und Bestecke aus. Ein wahres Designer-Service in unterschiedlichsten Formen entsteht. Nun denkt

Paul Busch-Petersen · 3 Jahre · Einladung zum Essen

sich jedes Kind eine Speise aus und bereitet sie aus Pappe, Muscheln, Steinen, Perlen und allerlei Krimskrams zu.
Als die Tafel fertig ist, wird Alexandra von jedem Kind zum Essen eingeladen. Als Gast bringt sie jedem etwas mit: Farbe und Pinsel, einen schönen Papierstreifen oder ein Stück aus der Schatzkiste. Mit ihren Mitbringseln verändert oder vervollständigt Alexandra die Kunstwerke der Kinder. Hier und da erfindet sie noch eine passende Vorspeise oder ein Dessert. Lustige Namen für die kulinarischen Kreationen schwirren durch den Raum.
Bei diesem Spiel hat Alexandra alle Kinder kennengelernt. Sie ist angekommen.

Einladung ins Hexenhaus

Nele malt ein Haus mit verschiedenen Etagen. Dabei kommentiert sie ihr Vorgehen: »Im zweiten Stock gibt es eine riesengroße Küche. Dort wird ein großer Kuchen gebacken. Der dampft. Hänsel und Gretel kommen bald. Sie sind zur Zeit noch im Eisgebirge unterwegs. Von dort bringen sie Eis mit. Die Hexe gibt´s schon lange nicht mehr.«

Während Nele malt und erzählt, entsteht auf Luises Blatt eine riesige Torte. Und nicht nur dort. Fast überall sind leckere Kuchen zu sehen. Maria hat ihren sogar in bunte Nebel gehüllt. Diesmal endet die Malstunde mit Keksen und dampfendem Tee. Die Kinder erfinden Abenteuer, die sie erleben könnten, wären sie im Hexenhaus zu Besuch.

Das Besondere sind die Geschichten, die die Kinder beim Malen erfinden und erzählen. Wir nennen sie Malgeschichten. Die Kombination von Geschichten und Bildern macht den Reiz der Arbeit mit kleinen Kindern aus. Aber erst im Zusammenhang mit den Bildern und ihrem Entstehen erhalten die Geschichten ihre besondere Bedeutung.

Nele Herger · 4 Jahre · Geschichten/Malspiele

Winterbilder

Pauline Kerwitz
6 Jahre
Schneekönigin

Wie malt man ein Winterbild? Nur mit Weiß?
Wie Kai und Gerda aus dem Märchen von der Schnee-
königin schauen wir durch das Fenster in einen Berliner
Wintertag.
Das Märchen von der Schneekönigin hat einige Kinder
stark beeindruckt. Sie erzählen den anderen davon, und
schon steht das Thema der Malstunde fest:
Wir malen die Schneekönigin.
Aber wie werden Winterfarben gemischt?
Ganz klar – mit Weiß. Und welche Farben sollen mit dem
Weiß vermischt werden, damit Töne entstehen, so kalt wie
die Schneekönigin?
Pauline legt gleich los. Sie mischt Weiß mit Blau und Grün
und nimmt am Ende auch ein wenig Rot dazu.
So findet sie die für sie richtigen Farbtöne für die böse Frau
aus dem Märchen.
Johanna weiß nicht so recht, womit sie anfangen soll, und
spielt derweil mit den Kaleidoskopen.
Eins mit Sternen ist dabei, die herrlich funkeln.
Plötzlich sagt sie: »Ich muß jetzt das Schloß der Schneeköni-
gin malen. Es soll so glitzern wie die Sterne im Kaleidoskop.«
Selbst während des Malens schaut sie immer wieder in das
Kaleidoskop und ist ganz verzückt. Sie vergleicht die sich
wandelnden Muster mit den Farben auf ihrem Bild.

Paul Kraemer · 5 Jahre · Drei Farben mit Weiß

Nino Tews · 6 Jahre · Winterhausbild

Zum Schluß malt sie einen Blitz mitten in das zauberhafte Gefunkel und stellt so dar, wie gefährlich es im Schloß der Schneekönigin ist.

Das Märchen von der Schneekönigin liefert viele Anregungen für die szenische und bildhafte Gestaltung der Arbeiten. Der Spiegel beispielsweise, der die Menschen verändern kann, indem er ihnen ihr wahres Gesicht zeigt, beeindruckt die Kinder sehr. Zerspringt er, und gerät ein Splitter in das Auge eines Menschen, so wird der böse und kalt.

Die Kinder überlegen, was es für Spiegel gibt, und wie es ist, vor einem Spiegel zu stehen. Der Spiegel zeigt jede unserer Bewegungen. Und schon verwandeln sich die Kinder in lebendige Spiegel, beobachten und imitieren ihr Gegenüber. Später zeigen die Arbeiten der Kinder ganz verschiedene Spiegelbilder.

Johanna Radtke · 6 Jahre · Das Schloß der Schneekönigin

Alexandra Kimel · 5 Jahre · Die Weihnachtsmannwerkstatt

Alexandra Kimel · 5 Jahre
Weihnachtsbaum und Fuchsrennweg

Wie jedes Jahr gibt es vor Weihnachten im Kinderatelier eine Menge zu tun. Und es gibt viele Fragen:

»Wo und wann arbeitet der Weihnachtsmann? Hat er Helfer? Wie sieht es in der Weihnachtsmannwerkstatt aus?«

Zusammen mit den Kindern erfindet die Erzieherin die Geschichte einer Wanderung durch einen Wald, an einem Berg vorbei. Hinter dem nächsten Hügel wohnt und arbeitet der Weihnachtsmann.

Die Geschichte hilft den Kindern, sich verschiedene Weihnachtsmann-Wohnstätten vorzustellen. Wie das Haus, die Höhle, die unterirdischen Gänge und Werkstätten aussehen, in denen der Weihnachtsmann mit seinen Wichteln lebt und arbeitet, das wollen die Kinder malen. Dabei entstehen ganz unterschiedliche, verschneite, unterirdische oder überirdische Bauwerke. Manche Kinder malen die Außenansicht, manche öffnen Einblicke ins Innere. Steffi malt einen riesigen Tannenbaum in die Werkstatt, der durchs Dach stößt, ein Schaukelpferd und viele andere Sachen, die sie sich wünscht. Alexandras Werkstatt ist ganz klein, aber durch die Luft fliegen riesengroße Geschenke in den unterschiedlichsten Farben.

Am Ende der Malstunde trinken die Kinder Adventstee und träumen von Weihnachten.

Der Komet

Susanne Karsten · 4 Jahre · Raketenflug

1997 war der Haleysche Komet lange am Berliner Abend-
himmel zu sehen. Die Kinder kannten den Kometen.
Sie hatten ihn selbst gesehen, mit ihren Eltern darüber
gesprochen oder Berichte im Fernsehen verfolgt.
In der Malstunde fragten die Kinder:
»Woher kommt so ein Komet? Was passiert, wenn er mit
Planeten zusammenstößt?«
Die Kinder erfanden Kometen und Planeten.
Pastellkreiden schienen ihnen geeignet, ein Weltall zu malen.
Vincent interessiert sich für die Raumfahrt und konnte den
anderen Kindern viel erzählen. Daniel und Tom dagegen
begeistern sich für Dinosaurier. So entstanden neben den
Kometen auch gewaltige Weltall-Dinosaurier, die miteinander
um die Wette flogen. Wer würde gewinnen?
Und wie würde die Siegerehrung im Weltall aussehen?

Pastellkreiden haben hervorragende Eigenschaften.
Sie bringen kräftige und leuchtende, aber auch zarte Farben auf
das Papier. Durch Wischen kann man diese Farben mischen,
und mit einem Knetgummi lassen sie sich wieder entfernen.
Deshalb eignen sie sich besonders gut für die Arbeit mit
kleinen Kindern.

Achtung:
Am Ende darf man nicht vergessen, die Bilder zu fixieren.

Vincent Muhsik · 6 Jahre · Besatzung der Enterprice

Peter Albert · 6 Jahre · Siegerehrung im All

Peter Albert · 6 Jahre · Verwandlung

1.

Himmels blüten über dem gelben Haus

Julius Petzel · 5 Jahre · Gelbes Haus

Einmal erzählte die Erzieherin den Kindern von ihrem
Besuch im Stuehlerbau. Dort hatte sie sich die Bilder von
Pablo Picasso und Paul Klee aus der Sammlung des
Herrn Berggruen angesehen. Besonders gefiel ihr Paul Klees
»Himmelsblüten über dem gelbem Haus«.
Noch voller Begeisterung, beschrieb sie den Kindern
dieses Bild, und die Kinder begannen sofort, ihre eigenen
Himmelsblüten zu malen.
Natürlich mußte zuerst die Frage geklärt werden:
Wie sehen Himmelsblüten eigentlich aus? Wachsen sie vom
Himmel auf die Erde? Oder genau umgekehrt?
Die Kinder konnten sich nicht einigen. Also suchten sie nach
eigenen Bildlösungen.
Als die Arbeiten aufgehängt waren, sahen sich die Kinder
eine Postkarte mit dem Bild an, das Paul Klee gemalt hatte.
Neugierig betrachteten die Kinder es, analysierten, welche
Farben und Formen der Maler verwendet hatte, und ver-
glichen es mit ihren Bildern.

Paul Klee (1879-1940)
Himmelsblüten über dem
gelben Haus (das auser-
wählte Haus) · 1917, *74*
Aquarell auf grundierter
Leinwand 23 x15 cm
Die Sammlung Berggruen,
Staatliche Museen zu
Berlin

Johanna Radtke · 6 Jahre · Das Blütenhaus mit den Zauberblüten

Pauline Kerwitz · 6 Jahre · Himmelsblumenluftballonlutscherhaus

Die Wuchsformen der Kleeschen Blumen ähnelten denen auf
einigen Kinderarbeiten. Also kamen die Kinder zu dem Schluß:
»Ja, das hat der Paul Klee auch ganz gut gemalt.«
Sie waren einverstanden mit dem Original, aber auch mit
ihren Ergebnissen zufrieden. Später besuchten einige Kinder
mit ihren Eltern sogar die Ausstellung im Stuehlerbau.
Viele verschiedenartige Häuser entstanden, über denen die
unterschiedlichsten Blumen wuchsen. Doch die Farbe Gelb
tauchte oft auf, sie war besonders begehrt.
Zum Schluß gaben die Kinder ihren Bildern eigene Namen:
»Das Himmelsblumenluftballonlutscherhaus« oder
»Das gelbe Haus mit Himmelsblumen«.
Die Begeisterung für die gelbe Farbe ließ an diesem
Nachmittag noch andere Bildideen entstehen: »Mond über
dem Meer« und »Gelber Falter im blauen Himmel«.

Die Pudding farben

Wasser, Mehl, Zucker und Salz sind die Zutaten, wenn man einen »Farbpudding« herstellen will. Beim Kochen und Rühren merken die Kinder bereits, daß die Substanz tatsächlich Ähnlichkeit mit einem richtigen Pudding hat. Aber Vorsicht: Naschen ist hier nicht erlaubt.

Der Topf mit dem »Farbpudding« wird mitten auf den Tisch gestellt. Die Kinder füllen sich kleine Mengen von der Masse im Topf auf ihre Paletten und mischen sie mit Farben.

So entsteht die sämige Puddingfarbe, die sich wunderbar als Fingerfarbe, aber auch zum Spachteln und plastischen Gestalten auf Papier eignet.

Kaum haben die Kinder ihre Farben gemischt, stellen sich die ersten Ideen ein. Plötzlich werden aus den Puddingfarben Spinat mit Rührei und Kartoffeln, eine Tomatensoße und dergleichen mehr. Schnell schneiden die Kinder Teller aus Pappe und verteilen die »Speisen« darauf: Spinat mit Ei, Spaghetti mit Tomatensoße, Hefeklöße mit Blaubeeren. Ein Mädchen kreiert eine Vampir-Pizza und schneidet Karton zu Käsestreifen zurecht. Aus bunten Papieren werden Servietten gefaltet. Gräser, Moose und Zweige aus dem Garten dienen als Gewürze. Eine Blume kommt auf den Tisch, und im Nu ist eine großartige Tafel entstanden, ein wahres Fest-Menü für die Augen.

Für die Grundmischung der Puddingfarben braucht man:

5 Tassen Wasser,
2 Tassen weißes Mehl,
$^{1}/_{2}$ Tasse Zucker,
3 Eßlöffel Salz.

*Alle Zutaten werden miteinander vermischt und bei mittlerer
Hitze unter ständigem Rühren gekocht, bis eine puddingähnliche
Masse entsteht. Bevor man sie zum Malen verwendet, muß man
die Masse abkühlen lassen.*
*Zum Einfärben vermischt man etwa 3 Eßlöffel der Masse mit
2 Eßlöffeln Farbe.*

Höhlenmalerei

In einem Fotoband über die Höhle von Lascaux betrachten
die Kinder Malereien von Urmenschen.

»Wie schön die Urmenschen Tiere malen konnten!«, freut sich
ein Junge. »Aber woher hatten sie eigentlich die Farben?«,
will ein Mädchen wissen.

Die Kinder kennen Pigmentfarben und wissen, wie man sie
anrührt. Einige Farbtöne auf den Fotos erinnern daran,
daß Pigmente zermahlene Steine und Erdarten, manchmal
auch Pflanzenreste sind.

Florian kommt auf die Idee, ein paar Kohlestäbchen zu
zerbröseln und auszuprobieren, ob das Pulver sich zum
Malen eignet.

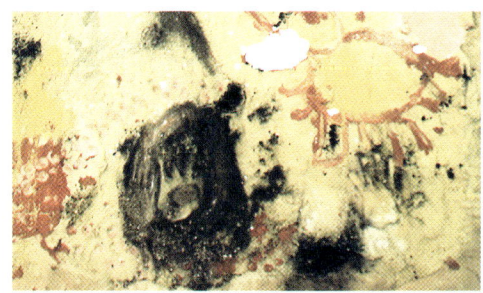

Annika erinnert sich daran, daß Ton verschiedene Farben hat, und will versuchen, damit zu malen.
Nun brauchen die Kinder nur noch eine Höhlenwand.
Sie stellen einen Malgrund aus Lehm und Jute her.
Dafür wird die Jute mit nassem Lehm getränkt, und wenn sie getrocknet ist, ergibt sich ein rauher, erdähnlicher Maluntergrund.
Mehrere Kinder arbeiten zusammen an einem Bild.
Angeregt von den Originalen aus der Höhle von Lascaux, malen die Kinder auf der „Höhlenwand" Tiere und Menschen bei der Jagd. Zum Malen benutzen sie ihre Hände und kleine Stöckchen, die sie sich zuvor aus dem Garten holten.

Das Bild hält länger, wenn der Ton mit angerührtem Tapetenkleister vermengt wird.

Früchte
stilleben

Piet Otto · 6 Jahre · Herbstfrüchtefarben

In der Mitte des Raums war auf dem Fußboden ein Stilleben aus Herbstfrüchten aufgebaut. Die Kinder setzten sich ringsherum, unterschieden Obst und Gemüse, tasteten und rochen mit verbundenen Augen und versuchten, die Früchte zu erkennen, die sie in den Händen hielten. Dabei beschrieben sie die Eigenschaften der Früchte.

Besonders gut kannte sich Elias mit den Gemüsesorten aus, die im Garten seiner Großmutter wachsen. Deshalb malte er zuerst das leuchtende Paprikarot in die Mitte seines Blattes, daneben das Grün von Gurken, Salat und Dill.

Ohne besondere Ordnung war das Stilleben ausgebreitet. Der dreijährige Clemens malte Farbflächen nebeneinander und traf die Farbigkeit des Stillebens ziemlich genau: Leuchtendes Gelb der Melone, daneben Zitronengelb, die verschiedenen Blautöne der Pflaumen, das Violett des Holunders, unterschiedliches Rot von Tomate und Paprika bedeckten sein Blatt bis zum Rand. Keine weiße Stelle war mehr übrig.

Martin Teute · 4 Jahre · Wilder Herbststurm

Herbst farben

Holunderbeeren spritzen und färben gut. Tomaten spritzen auch, aber färben nicht gut. Grüne Blätter färben, wenn man sie reibt. Schon oft haben die Kinder erlebt, daß die Natur ihre Farben abgibt: Der Hosenboden wird grün, wenn man auf der Wiese ausrutscht. Die Kinder drücken Pflanzen und Beeren auf das Papier. Die Pflaumen wollen sie lieber essen.

Martin entdeckt, daß die Farbe der Holunderbeeren überall durchdringt und daß man auch Blätter und Stiele abdrukken kann. Er zerdrückt eine Tomate. Ihr Saft kleckert auf das Blatt und hinterläßt einen leichten Farbschimmer.
Danach preßt er verschiedene Beeren auf die feuchte Stelle.
Die ineinander verlaufenden Farben begeistern ihn.

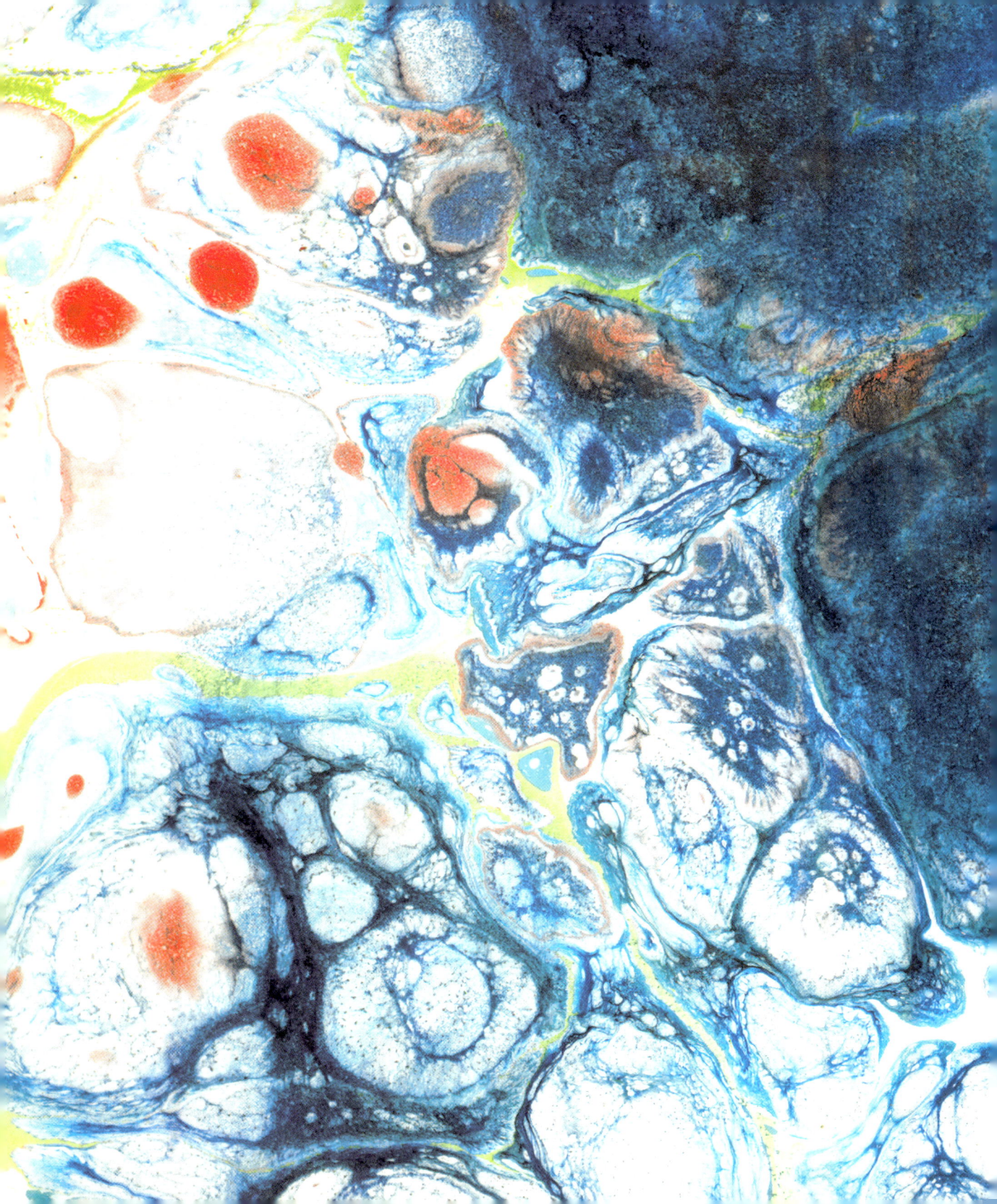

Marmorieren

Ziad Chaoui · 4 Jahre · Ohne Titel

Die Kindertheaterwerkstatt braucht neue Stoffe.
Schneewittchen, Dornröschen und andere Prinzessinnen
beklagen sich darüber, daß ihre Kleider immer nur rosa sind.
»Da können wir helfen«, sagen die Kinder.
Sie wollen Muster entwerfen, so farbenprächtig, wie es sie
überhaupt nur im Märchen gibt.
Schöne Muster entstehen beim Marmorieren. Die Materialien
sind schnell bereitgestellt: Marmorierfarben werden in kleine
Näpfchen getröpfelt und mit Wassertropfen verdünnt.
Natürlich müssen alle Farben beteiligt sein.
Das wird Überraschungen geben!
Die Kinder richten sich auf dem Fußboden gemütlich ein.
Eine flache Schale mit Wasser steht bereit, Papierformate in
den entsprechenden Größen liegen da, dünne Rundpinsel für
jede Farbe und die Farbnäpfchen – alles in Reichweite.
Damit die Musterproben nicht durcheinandergeraten, liegt
hinter jedem Kind eine Pappe als Ablage.
Nun kann es losgehen. Ulrikes Blätter zeigen zarte Farbtöne.
Sie ist sicher, daß Schneewittchen sich darüber freuen würde.

Kaleidoskopartig verändern sich die dünnen Farbschichten an der Oberfläche, wenn neue Farbtropfen hinzukommen. Sie teilen sich, schließen andere ein und laufen sternförmig auseinander. Das ist ein interessantes Spiel. Die Kinder können es festhalten, wenn sie das Papier ganz sachte auf das Wasser legen.

Benno hebt sein Blatt vorsichtig aus der Wasserschale. Es sieht außergewöhnlich lustig aus.

»Das paßt zu einem Kasper«, legt er sofort fest.

Von Michel ist nichts zu hören. Versunken sitzt er vor seiner Wasserfarbschale und staunt. Hinter ihm liegen schon viele farbkräftige Muster auf der Pappe.

»Wie macht er das nur?« fragt Steffi.

»Er läßt das Papier länger auf dem Wasser liegen. Wahrscheinlich ziehen die Farben dadurch besser ein«, entdeckt Ulrike.

Zuletzt werden die Muster geordnet. Sie sollen den Prinzessinnen, Kaspern, Hexen und Zauberern im Theater Freude machen.

Zum Marmorieren braucht man:

Marmorierfarben in Gläschen;
Holzstäbchen oder dünne Rundpinsel;
kleine Näpfchen;
flache Schalen (Fotoschalen), höchstens A4-groß,
denn die Farben verbreiten sich sonst zu weitflächig
und sind dann weniger intensiv;
Papierformate, die der Schalengröße entsprechen.

Kräftige Farben und phantastische räumliche Wirkungen
erzielt man beim Marmorieren mit Ölfarben. Statt Wasser
wird sehr flüssiger Tapetenleim in die Schalen gegeben.
Die Ölfarben werden mit Terpentinersatz so weit verdünnt,
daß ihre Konsistenz der von Sahne entspricht.
Mit einem Pinsel oder einem Stäbchen wird die Farbe auf das
Wasser oder den Kleister getröpfelt. Mit einem Holzstäbchen
oder einem Marmorierkamm wird sie bewegt.
Dabei ist es sogar möglich, bestimmte Motive zu gestalten.
Das Ausprobieren macht Spaß, und Sie sollten dafür genügend
Zeit einplanen. Unbedingt werden ausreichend Lappen und
Schutzbekleidung gebraucht.
Mit Batik- oder Stoffarben kann man direkt auf Stoff
marmorieren.

Seiden malen

Juliane Schulze · 6 Jahre · Fischlein

Zaid Chaoui · 4 Jahre
Erweiterte Seidenmalerei

Die Tücher sind bereits auf die Rahmen gespannt, als die Kinder in den Raum stürmen. Schon eine Zeitlang wünschten sie sich, wieder einmal auf Stoff zu malen. Bei ihrem ersten Versuch, Seide zu bemalen, hatten die Kinder erfahren, daß die Chinesen vor vielen, vielen Jahren herausfanden, wie man aus dem fein gesponnenen Faden der Seidenraupe Stoffe webt. Der weiche, glänzende Seidenstoff erinnerte sie an Feengewänder, die leicht und fast durchsichtig im Mondschein schweben. Auf diesem Feenstoff kann man mit Feenfarbe – einem farblosen Konturmittel – unsichtbare Spuren hinterlassen. Wenn der weiche Pinsel dann mit leuchtender Farbe über die Seide streicht, werden die Spuren plötzlich sichtbar. Kräftige Farben leuchten, verlaufen, vermischen und verwandeln sich. »Woher kommt denn dieses Grün? Das gibt es in den Farbnäpfchen auf der Palette doch gar nicht«, will Laura wissen. Beim Arbeiten findet sie es heraus: Die Farben verhalten sich genau so wie Papiermalfarben. Aber Vorsicht! Das Gelb leuchtet nicht mehr, wenn nur der kleinste andersfarbige Spritzer in seinem Farbnapf landet. Deshalb holt sich Laura für jede Farbe einen anderen Pinsel. Bei Gina führen die Pinselspuren zu Farbenbeeten. Alisha kann ihr Temperament nicht zügeln, der Pinsel saust, es spritzt und ein riesiges Farbenmeer entsteht. Anfangs funkeln Rot und Grün noch auffällig, dann vereinigen sich alle Farben zu einem fröhlichen Grau.

Plötzlich holt Laura aus dem Regal einige Flaschen mit Gouachefarben in Pink und Weiß. Sie sind wie Pudding im Vergleich zu den Seidenmalfarben. Mit einer kleinen Schaumgummirolle trägt sie die gemischten Farben auf einem Stück der Seide auf und freut sich, daß sie auch mit Papiermalfarben auf Seide malen kann.

Kiki holt Papier und Seidenreste. Kleine Zeichnungen auf Papier schneidet sie aus und fügt sie behutsam in ihre Seidenmalerei ein.

Auf Antonias Seide leuchtet eine rubinrote Fläche. Sie erinnert an ein großes Klatschmohn-Blütenblatt. Mit schwarzer Konturfarbe setzt Antonia ihren Namen ein, natürlich von rechts nach links. Die tanzenden Buchstaben wollen zum Rot, andere Kritzel und grafische Zeichen machen sich auf dem weißen Grund breit. Antonia findet: »Das soll jetzt alles so bleiben.«

Im Nu ist die Stunde vorbei, und die Kinder sehen sich noch einmal die unterschiedlich gestalteten Seidenstücke an.

Am liebsten würden die Kinder ihre Tücher gleich mit nach Hause nehmen, aber sie müssen erst trocknen.

Steffi · 3 Jahre
Erweiterte Seidenmalerei

Druckwerkstatt

Erste Erfahrungen mit dem Drucken sammeln die Kinder schon beim Stempeln und Frottieren. Sie drucken mit den verschiedensten Materialien, die sich in der unmittelbaren Umgebung anfinden. Blätter, Knöpfe, Stoffe mit starken Strukturen und alle flachen Gegenstände lassen sich eingefärbt abdrucken oder durch Abreiben durchdrucken. Auch mit eingefärbten Händen, Füßen oder Nasen kann man erste und geradezu abenteuerliche Erfahrungen mit der Drucktechnik machen. Dabei empfiehlt es sich, die Kinder mit Such- und Tastspielen einzustimmen, ihre Neugier zu entfachen und ihre Sinne zu sensibilisieren.

Ein weiterer Schritt ist das Abdrucken von selbst hergestellten Stempeln aus Kartoffeln oder Radiergummis. Auf diese Weise entsteht zum Beispiel originelles Geschenkpapier. Und noch eine Idee: Versuchen Sie mal, mit verbundenen Augen zu drucken. Das ist gar nicht so leicht. Doch es entstehen tolle Überraschungen dabei, die unbedingt mit Kohle oder Pinsel weiter bearbeitet werden müssen.

Allerdings ermöglicht es erst der Druckstock, ein bestimmtes gestalterisches Motiv zu vervielfältigen. Es ist erstaunlich, welche Breite an Bildwirkungen sich mit dem Linol- oder Holzschnitt erzielen läßt.

Achten Sie beim Vorbereiten des Raumes darauf, daß die Kinder genügend Bewegungsfreiheit zum Drucken haben. Jeder Arbeitsgang erfordert einen geeigneten Arbeitsplatz. Das Schneiden der Platten, das Einwalzen und das Drucken sollte an verschiedenen, voneinander getrennten Plätzen geschehen.

Zum Aufbewahren der trocknenden Arbeiten wird ebenfalls genügend Platz benötigt.

Achtung: Beim Linol- oder Holzschnitt müssen die Kinder vor Arbeitsbeginn unbedingt über den Umgang mit den Werkzeugen belehrt werden.

Halten Sie vorsichtshalber einen Pflaster-Vorrat bereit.

95

Frottage

Leonard Koschinski · 4 Jahre · Materialdruck

Alte Zeitungen, auf dem Holzfußboden ausgebreitet, bedek-
ken geheimnisvolle Dinge. Als die Kinder ins Atelier kommen,
wollen sie nachschauen, was sich unter den Zeitungen ver-
birgt. Doch das ist noch nicht erlaubt.
Zuerst sollen sie mal versuchen, durch Fühlen und Tasten
selbst herauszufinden, was da versteckt ist.
Die Hände streichen vorsichtig, tasten und drücken ein bißchen, manche Kinder schließen die Augen dabei.
»Aha! Da ist eine Schere. Und hier liegen Blätter unter dem
Papier. Ich fühle etwas ganz Weiches – ich kann es mit meinen Fingern sehen.«
Das Nachgucken wird noch ein wenig verschoben, und die
Kinder überlegen, wie sie sichtbar machen können, was ver-
steckt ist, ohne die Zeitung hochzuheben. Nämlich so:
Sie reiben und drücken mit den Fingern oder mit Stiften so
lange auf dem Papier herum, bis die Konturen dessen, was
darunter verborgen ist, sichtbar werden.

Piet holt die Farbwalze. Er rollt Farbe auf einer Kachel aus.
Nachdem er die richtige Farbkonsistenz gefunden hat,
legt er noch einen Bogen Seidenpapier über das Zeitungs-
papier-Versteck. Vorsicht: Die Farbe darf nicht dick und
schmatzend an der Rolle kleben, sie verschlingt sonst sofort
das Seidenpapier. Wenn sie jedoch dünn ist, nur knistert und
flüstert, dann zaubert sie die versteckten Gegenstände hervor.
Auf dem Seidenpapier entstehen Abdrücke von Blättern und
Gräsern, von schmalen und breiten Bändern, von Wellpappe
und einem Pinsel. Die Abdrücke sehen sehr professionell aus.
Benutzt Piet das gleiche Blatt immer wieder, um verschiedene
Gegenstände und Formen abzudrucken, entsteht ein Wirrwarr
von Farben, Formen und Linien, ein grafisches Blatt, auf dem
die einzelnen Dinge kaum noch zu erkennen sind.
Max staunt, als er unter die Zeitung lugt. Da liegt kein Bind-
faden, sondern nur ein dünnes Haar. Und die Steinchen sind
in Wirklichkeit nur Sandkörnchen.

Bilder
rätsel

Valentin Mach · 3 Jahre · Ohne Titel

Die Kinder gehen auf Spurensuche. Der Fußboden hat eine interessante Oberfläche, und die Wand fühlt sich gar nicht so glatt an, wie sie aussieht. Das Gitter vor der Tür, die Treppe aus Zement und die Ziegelsteinwand werden zu aufregenden Experimentierfeldern. Jeweils ein Blatt legen die Kinder darauf und reiben mit Kohle oder Kreide, bis die Struktur zu erkennen ist. Anschließend probieren sie das Verfahren an verschiedenen Baumrinden aus.

So finden sie immer neue Muster und Überraschungen. Die Kinderbilder mit den eingefangenen Spuren stapeln sich mittlerweile zu einem kleinen Berg. Es fällt den Kindern schwer, zu entscheiden, welche der Bilder im Atelier aufgehangen werden sollen.

Als die Bilder hängen, wird geraten, welche Spur zu welchem Gegenstand gehört. Anna findet plötzlich in einem Straßenmuster eine Katze, die guckt, als hätte sie gerade eine Maus entdeckt. Fast jedes Blatt wird nun zu einem Bilderrätsel. Später werden die Muster mit Farbe oder Kreide weiter bearbeitet. Anna zeichnet eine kleine Katze, schneidet sie aus und klebt sie auf das »Straßenbild«. Die Gräser und Blätter, die Benjamin festgehalten hat, wirken wie ein phantastischer Wald, gigantisch groß, weil die Gegenstände und Figuren, die er zwischen die Abdrücke zeichnet, sehr klein sind. Anna findet, daß Benjamins Bild sie an das Märchen vom Däumelinchen erinnert. Franziska stellt sich vor, wie mühselig es sein muß, als kleines Tier durch eine Wiese zu laufen. Und was für einen Schreck man kriegt, wenn man plötzlich vor einer Riesenschnecke steht.

Zauberei auf Steinen

Die Lithosteine liegen bereit.

»Damit kann man zaubern«, erzählt die Erzieherin. Manche Kinder haben selbst schon einen Zaubertrick vorgeführt. Deshalb wissen sie ganz genau, daß ein Umhang, ein spitzer Hut, ein Zauberstab und ein Zauberspruch gebraucht werden, wenn man zaubern will.

Sie betrachten die Lithosteine nun genauer: Ihre Oberflächen sind ganz glatt. Ihre Seiten fühlen sich rauh an. Schwer sind sie auch. Wie soll man damit zaubern können? Mal sehen.

Die Kinder ziehen ihre Kittel an, legen Papier und Bleistifte zurecht. Dabei murmeln sie Zaubersprüche aus bekannten Märchen. Neben den Steinen liegen Farbrollen und Druckfarben. Die Farbe soll dünn über die Oberfläche eines Steins gerollt werden. Als die Kinder das tun, entstehen seltsame Geräusche. Wenn die Farbe knistert und nicht mehr schmatzt, ist der Stein mit ihr zufrieden. Nun wird ein saugfähiges Blatt Papier behutsam über den Stein gelegt,

und endlich kommt auch der Zauberstab zum Einsatz –
ein Bleistift. Fährt der Bleistift über das Papier, hinterläßt er Linien und Muster. Jetzt muß ein Zauberspruch seine Wirkung tun. Danach wird das Blatt langsam vom Stein gezogen. Was ist passiert?

Zu den Linien sind viele verschiedene Farbflächen hinzugekommen. Eine kleine, gezeichnete Figur sitzt plötzlich in einem Sandberg. Zauberei!

Annika zieht Schuhe und Strümpfe aus. Mal sehen, ob ihre Füße auch zaubern können. Zuerst stellt sie sich auf den Stein und zeichnet die Umrisse ihrer Füße. Fertig. Jakob zeichnet ein Haus, und der Stein zaubert das Unwetter dazu.

So geht es weiter, bis die Malstunde zu Ende ist.

Monotypie ist eine sehr einfache Drucktechnik.
Sie eignet sich gut dafür, kleine Kinder an das Drucken
heranzuführen.

Linolschnitt

Auf Madeleines Linolplatte scheinen zwei Sonnen.
Mary Yo läßt ein Haus wachsen, das aussieht, als tanze es.
Lydia bearbeitet ein Probestück. Sie muß viel Kraft aufwenden,
um mit ihren kleinen Händen Linien und Strukturen so aus
der Platte herauszuschneiden, daß sie die Vertiefungen mit
den Fingern deutlich spüren kann. Da erst beim Drucken
sichtbar wird, ob ihr das wirklich gelungen ist, wird ihre
Geduld auf eine harte Probe gestellt.

Endlich landen rote und grüne Druckfarben auf der Kachel
und werden zusammen ausgerollt. Auch Lydia hat, wie die
Kinder vor ihr, den Druckstock vorbereitet, um ihn danach
durch die Presse mit den zwei großen Rollen zu schieben.
Als das Blatt langsam vom Druckstock gezogen wird, ist die
Spannung kaum noch auszuhalten. Ein Aufatmen.
Lydia ist mit ihrem allerersten Druck zufrieden.
Lustig sitzen weiße Linien und Streifen in einer rot-grün-
braunen Farbfläche.
Madeleine mag heute die rote Farbe besonders. Gleichmäßig
färbt sie ihren Druckstock ein, legt vorsichtig ein Blatt auf,
und ab geht´s durch die Presse. Der Druck ist gelungen.
Sie strahlt.

Nino wollte eigentlich gar nichts machen. Völlig erschöpft kam er zur Malstunde und ruhte sich anfangs nur aus. Aber das eifrige Gewusel um ihn herum steckt ihn doch an. Als er die anderen beobachtet, kommt er auf die Idee, verschiedene Farben mit einem Pinsel auf den Druckstock aufzutragen. In eine Linolplatte schneidet er einen Fisch. Dann trägt er Farbe auf, und nicht gerade zaghaft. Mit vernehmlichen Kommentaren begleitet er sein Tun und lenkt so die Aufmerksamkeit der anderen Kinder auf sich. Als er an der Presse steht, umringen ihn die anderen und warten auf den großen Augenblick.

Es ist ein Quetschdruck entstanden. Statt weißer Linien sieht man starkfarbig geprägte Linien. Am Rand quillt ein Berg überflüssiger Farbe, den Nino mit dem Pinsel zuversichtlich weiter verarbeitet.

Sabrina holt sich keine großen Papierformate. Sie möchte Drucke für kleine Bilderrahmen herstellen.

Jeanine malt gedankenverloren. In ihrem Druck ist ein phantastisches Tier zu erkennen. An den ursprünglichen Abdruck erinnert nichts mehr.

Der Platz an der Presse ist immer besetzt. Christine muß so lange warten, daß die Farbe schließlich angetrocknet ist. Aber sie findet diesen Zustand des Druckstocks interessant. So viel Geduld wie Christine bringt Tina nicht auf. Sie kehrt der Presse den Rücken, druckt nur mit den Händen mitten auf ein großes Papierformat und malt dann weiter. Alle Kinder sind stolz darauf, daß sie den gesamten Druckvorgang schon ziemlich gut und selbständig beherrschen.

Holzschnitt

Zarah Rötzer · 6 Jahre · Herbst

Wenn man die Technik des Holzschnitts anwendet, entsteht das Bild nicht so unmittelbar wie beim Malen oder Zeichnen. Es kommt durch das Bearbeiten des Druckstocks und durch beabsichtigte oder zufällige Effekte während des Druckvorgangs zustande.

Die Drucktechnik des Holzschnitts eignet sich für Kinder besonders, da sie dem bildnerischen Gestalten oft noch unsicher gegenüberstehen. Doch die manuelle handwerkliche Betätigung führt zu überraschenden Ergebnissen, und diese Erfahrung ermutigt sie zu kreativer Arbeit auch im malerischen Bereich.

Holz bietet weniger Widerstand als Linoleum. Deshalb wagen sich die Kinder auch an größere Formate. Jakob entwirft eine seiner vielen Musterideen, und Bruno gefällt es, mit verschiedenen Messern im Holz herumzuschneiden. Interessiert beobachtet er, wie das Material sich verhält.

Alexandra bringt die Farbe mit dem Pinsel nur auf wenige, durch geschnittene Linien umrissene Formen auf. Ein sehr sparsamer, farbiger Prägedruck entsteht. Alexandra ist damit zufrieden. Sie will nicht die ganze Platte einfärben und probiert mit dem Pinsel andere Farbzusammenstellungen aus.

Wie auf einem Papierbild bemalt Karla ihre in die Platte geschnittenen Bäume mit Farbe. Es entsteht ein zarter Prägedruck mit malerischen Elementen.

Stefan und Robert haben die Presse eine Zeitlang für sich besetzt. Die farbstrotzenden Variationen ihrer stimmungsvollen Landschaftsdrucke regen sie zu immer neuen Versuchen an.

Weil die Presse besetzt ist, probiert Xenia inzwischen den Handabdruck. Sie rollt mit der Fotowalze über das aufgelegte Papier.

Mit großem Eifer sind die Kinder noch bei der Arbeit, als schon die ersten Eltern zum Abholen kommen. Auch sie staunen nicht schlecht über die gelungenen Ergebnisse und die vielen Variationen, die die Technik des Holzschnitts ermöglicht.

Vor dem Drucken müssen verschiedene Arbeitsbereiche eingerichtet werden.

Ein Bereich, in dem die Kinder genügend Platz zum Entwerfen, Schneiden und Bearbeiten der Druckstöcke haben und in dem Papiere, Bleistifte, Linol- oder Holzplatten und Schnittwerkzeuge bereitliegen. Ein weiterer Bereich, in dem eine kleine Druckpresse steht und der genügend Raum für Handabzüge, die Kacheln zum Farbenausrollen, für wasserlösliche Druckfarbe, verschiedene Borstenpinsel, Fotowalzen und Druckwalzen bietet.

Benötigt werden Druckpapier in verschiedenen Größen und Platz für die Drucke im Stapeltrockner oder auf dem Fußboden in einem Nebenraum, wo man sie sich auch gut ansehen kann.

Achtung: Bei den Drucken muß der nicht bedruckte Papierrand sauber sein. Deshalb sollte vor jedem Abdruck eine frische Unterlage benutzt werden.

Karla Metzkow · 6 Jahre · Baumbild

Material
collagen

Kühling

Xenia

Kühling

Kühling

Xenia Kühling · 6 Jahre · Buntes Zeug und Aquarellfarbe auf selbstgeschöpftem Papier

Fünf kleine Hexen fliegen über den Wald. Die erste murmelt verzweifelt Zaubersprüche, damit ihr Fluggerät nicht plötzlich wieder ein ganz normales Stück Holz wird. Die zweite fliegt auf einem Staubsaugerteil, das nicht richtig funktioniert. Sie rutscht mal höher, mal tiefer und wirbelt um die Tannenspitzen herum. Die dritte Hexe...

Die Kinder spinnen weiter, was den kleinen Hexen noch alles passiert, bis sie auf einem Moosplatz eine Pause machen, über ihre vermaledeiten Fluggeräte schimpfen und sich nach einem Wunderding sehnen, auf dem sie alle fünf Platz haben und das dennoch ganz zauberhaft fliegt.

Sie rätseln: »Eine Rakete? Nein, die ist zu schnell.«

Die Hexlein wollen sanft durch die Lüfte schweben, durch Wolkendunst gleiten, die Aussicht genießen.

Da muß schon ein kleiner Zauber her.

Lena und Paul denken an einen fliegenden Teppich.

Ein Hexenteppich. Das ist es! Ein paar Kinder kramen in der Schatzkiste und suchen etwas ganz Ausgefallenes für den Teppich. Andere schleppen Wellpappe und Seidenpapier heran. Im Nu sind alle dabei, reißen, schneiden aus und kleben gemeinsam an einem großen Blatt, während Richard schon mal probiert, wie eine Hexe durch die Luft zu sausen, und kreuz und quer durch das Atelier flitzt.

Paul reißt einige Fotos und Zeichnungen aus Zeitschriften aus. Ina findet Geschenkpapierreste mit bunten Motiven. Das Seidenpapier klebt sie in eine Ecke, damit die Hexen einen weichen Sitzplatz haben. Tim läßt die aufgeklebten Fotos wieder verschwinden. Er malt mit Pinsel und Farbe dicke Spuren über das Papier. Andere setzen mit bunter Kreide ihre Zeichen dazu.

Seidenstreifen hängen im Raum frei herab.

»Die sind gut zum Steuern«, meint Tim.

»Man kann daran sehen, woher der Wind weht«, weiß Ina.

Gemeinsam erfinden die Kinder einen Schluß für die Geschichte der fünf Hexlein.

Für eine Materialcollage benötigt man:
ein großes Stück Papier oder Pappe als Grundlage;
Tapetenkleister und Pinsel;
eine Schatzkiste mit allerlei Klimbim;
Papier in verschiedenen Farben und Stärken;
Bänder, Kordeln, Stoffreste und Glitzerfolie;
alte Zeitungen und Zeitschriften;
Farbe, Kreiden und Zeichenkohle.
Keine Angst, auch kleine Kinder sind schon in der Lage,
ziemlich selbständig mit den verschiedenen
Gestaltungselementen umzugehen.
Tip: Vermischt man den Kleister mit Farbe, entstehen
interessante Farbeffekte.

Achtung: Kippt der Kleister um, besteht Rutschgefahr. Deshalb ist
es sinnvoll, den Kleister nur in kleinen Bechern zu verteilen.

Annika Stahl · 5 Jahre · Bibi Blocksberg mit dem Schatz

Papier schöpfen

Eines Tages sehen die Kinder, daß der Papierkorb sehr voll ist. In den vergangenen Tagen hatten sie unheimlich viel Papier verbraucht. Was ist eigentlich alles aus Papier? Und woher kommt Papier? Wächst es irgendwo? Oder wird es in Fabriken hergestellt?

Es gibt dickes und dünnes Papier, rauhes, weiches, leicht reißendes und schweres wie Pappe. Daß viel Papier sehr schwer ist, haben die Kinder an den Bücherstapeln in der Bibliothek gemerkt. Inzwischen wissen sie, daß Papier aus Holz hergestellt wird und daß es möglich ist, aus altem Papier neues Papier zu machen.

Plötzlich wird der Inhalt des Papierkorbs interessant. Die Kinder tragen alte Zeitungen und selbst die Reste aus dem Aktenvernichter zusammen. Alles muß sehr klein zerschnipselt werden, damit man es mit Wasser zu einem Brei zerkochen kann. Aus diesem Brei entsteht dann das neue Papier. Den Vorgang nennt man Schöpfen. Man braucht Siebe dazu und eine Möglichkeit, die neuen Papierstücke zu trocknen.

Papierschöpfen bietet sich geradezu zum Experimentieren an: Man kann den Brei einfärben, gelbes oder rosa Papier herstellen. Man kann versuchen, bestimmte Muster und Formen zu erfinden. Man kann mehrere Schichten übereinander bringen oder andere Materialien unter den Brei mischen, Federn oder getrocknete Blüten beispielsweise.

Als das neue Papier fertig ist, finden die Kinder heraus, daß man auf geschöpftem Papier besonders gut mit Aquarellfarben malen kann und daß die Struktur des Papiers beim Bedrukken das Druckergebnis mitbestimmt. Robert feuchtet den Rand des geschöpften Papiers an und formt einen Rahmen. Als er damit fertig ist, malt er mit Gouachefarbe einen kleinen Igel in das Bild.

Robert Blutner · 5 Jahre · Igel (auf selbstgeschöpftem Papier)

So schöpft man Papier:

Für graues Papier benötigt man alte Zeitungen oder ganz einfach altes Papier.

Für farbiges Papier eignen sich altes Tonpapier sowie Papier und Verpackungsmaterial in den entsprechenden Farbtönen.

In Obst- und Gemüseläden beispielsweise finden sich solche farbigen Verpackungen. Natürlich werden sie nach Farben getrennt verarbeitet.

Für zartes, weißes Papier nimmt man am besten Trockentücher oder Toilettenpapier.

Will man den Papierbrei zubereiten, reißt man das alte Papier in kleine Stücke, gießt kochendes Wasser darüber und läßt die Mischung eine Nacht lang weichen. Hat man es eilig, rührt man mit einem Stabmixer so lange um, bis das Papier zerfasert und zu Brei geworden ist. Den Brei gibt man in ein Behältnis – eine Schüssel oder Wanne –, das größer als der Schöpfrahmen sein muß, und vermischt ihn mit Wasser. Je mehr Teile im Wasser schwimmen, desto dichter und dicker wird das Papier.

Das Schöpfsieb besteht aus einem Holzrahmen, der mit Gaze oder Tüll bespannt ist. Es wird senkrecht in das Behältnis mit dem verdünnten Brei getaucht und mit der bespannten Seite nach oben waagerecht wieder herausgehoben. Man wartet, bis das Wasser abgelaufen ist, und legt das Sieb dann mit dem Papierbrei nach unten auf einen großen Filzlappen. Das verbleibende Wasser wird mit einem großen Schwamm abgetupft, bevor man den Rahmen vorsichtig abnimmt.

Nun kann man besondere Zutaten wie Blütenblätter oder farbige Schnipsel auf die feuchte Masse legen. Danach muß der Rahmen noch einmal aufgelegt werden, die Zutaten werden mit dem Schwamm leicht angedrückt. Ist das geschehen, nimmt man den Rahmen wieder ab, legt einen weiteren Filzlappen auf und preßt mit einem Nudelholz das Wasser aus der Masse heraus. Immer wieder muß man den Filzlappen auswringen, bis das Papier sich glättet und die Fasern sich miteinander verbinden. Diese Arbeit nennt man das Gautschen. Zuletzt wird das neue Papier zwischen zwei Tüchern oder Zeitungen gebügelt. Man kann es auch, zwischen den Tüchern hängend, am Trockner befestigen.

Im Begreifen die Welt erkennen

Kinder kommen mit einer Fülle an Phantasie und Vorstellungs-
kraft auf die Welt, mit dem Drang, ihre Umgebung zu erfor-
schen, offen und unerschrocken. Diese Gaben nutzend, sind
sie in der Lage, jede Menge Erfahrungen zu machen und
Wissen anzusammeln. Verknüpft sich dieses Wissen über die
Welt mit Phantasie und Imagination, finden sie neue Wege zu
neuem Wissen, und das Bedürfnis nach Wissen-Wollen wächst.
Mein Anliegen ist es, Eltern und Erzieherinnen zu ermutigen,
Kinder dabei zu begleiten. Während ich an diesem Buch arbei-
tete, las ich viele Bücher über kindliches Lernen und kindliche
Entwicklung. Ich war überrascht, wie viel dazu schon geschrie-
ben und veröffentlicht wurde. Trotz all dieser Erfahrungen und
Theorien von Pädagogen, trotz der in so manchen Kindergär-
ten praktizierten Modellversuche gelang es bisher nur weni-
gen Menschen, mit Kindern auf eine Art zu leben, die den
Potenzen der kindlichen Persönlichkeit Rechnung trägt.

Die in diesem Buch versammelten Malgeschichten zeigen,
wie einfach es ist, Spaß und Erkenntnisgewinn zu verbinden.
Was ist nötig? Bieten Erzieherinnen eine Vielfalt von Materialien im Atelier, schaffen sie eine Atmosphäre der Anregung.
Dadurch erhält die Neugier der Kinder Nahrung. Die Lust
entsteht, Materialien frei und ungezwungen zu erproben und
mit ihnen zu experimentieren. Die Kinder lernen dabei die
Namen der Farben, die Bezeichnungen für Mengen kennen
und verstehen einfache physikalische Vorgänge.
All das geschieht nebenbei, sozusagen im Vorbeigehen.
Die für das Einprägen notwendige Wiederholung ergibt sich
von selbst, weil die Kinder Erfahrungen machen dürfen,
immer wieder, in unterschiedlichen Zusammenhängen und
auf verschiedenen Ebenen. So bestätigt sich: Farbe löst sich in
Wasser, Pinsel hinterlassen Spuren, Papier weicht auf oder
bleibt fest. Helle Farben werden von dunklen besiegt.
Blau und Gelb, vermischt, ergeben Grün.
Betrachte ich mein Abbild im Spiegel, begegne ich mir seiten-

verkehrt. Meine Hände und Füße lassen sich abdrucken. Wie sieht es aus, wenn ich ein Stück Stoff oder Papier abdrucke?

Wenn die Hände experimentieren, begibt sich die kindliche Phantasie auf die Reise. Solche Reisen sind in den Malgeschichten festgehalten und zeigen:

Kinder überfliegen Grenzen. Mit Ideen, Vorstellungen und Phantasie.

Hendrikje Burmeister · 6 Jahre
Bäume (Pastell)

Hardy · 4 Jahre
Unser Haus im Herbst

Paul Behrens · 6 Jahre · Komisches Haus

Die Autorin

Antje Bostelmann ist Erzieherin und bildende Künstlerin. 1990 gründete sie KLAX e.V. und beteiligte sich maßgeblich an der Entwicklung des pädagogischen Konzeptes, das allen KLAX-Einrichtungen zugrunde liegt. Sie bestritt als bildende Künstlerin einige Ausstellungen und ist gegenwärtig als Geschäftsführerin des KLAX e.V. tätig.

Der Fotograf

Heiko Mattschull, Seemann, Maler und Amateurfotograf, widmet sich seit einigen Jahren der fotografischen Dokumentation des Kinderalltags und begleitete die KLAX-Malschulkurse über mehrere Monate hinweg.

Robert Blutner · 6 Jahre · Igel zwischen Apfelbäumen

Sylvia Gutsmann · 6 Jahre · Phantasiemalerei